浙江省交通行业建设技术指南

泡沫温拌沥青混合料施工技术指南

Guide for construction of foamed warm asphalt mixture

主编单位:金华市公路管理局
河海大学
批准部门:浙江省交通运输厅
发布日期:2017 年 09 月 18 日

人民交通出版社股份有限公司

图书在版编目(CIP)数据

泡沫温拌沥青混合料施工技术指南 / 金华市公路管理局, 河海大学主编. — 北京 : 人民交通出版社股份有限公司, 2017.11

ISBN 978-7-114-14283-3

Ⅰ. ①泡… Ⅱ. ①金… ②河… Ⅲ. ①沥青拌和料—沥青路面—工程施工—指南 Ⅳ. ①U416.217-62

中国版本图书馆 CIP 数据核字(2017)第 258937 号

书　　名: 泡沫温拌沥青混合料施工技术指南
著 作 者: 金华市公路管理局
　　　　　河海大学
责任编辑: 黎小东
出版发行: 人民交通出版社股份有限公司
地　　址: (100011)北京市朝阳区安定门外外馆斜街 3 号
网　　址: http://www.ccpress.com.cn
销售电话: (010)59757973
总 经 销: 人民交通出版社股份有限公司发行部
经　　销: 各地新华书店
印　　刷: 北京市密东印刷有限公司
开　　本: 880 × 1230　1/16
印　　张: 2
字　　数: 45 千
版　　次: 2017 年 11 月　第 1 版
印　　次: 2017 年 11 月　第 1 次印刷
书　　号: ISBN 978-7-114-14283-3
定　　价: 30.00 元
(有印刷、装订质量问题的图书,由本公司负责调换)

浙江省交通运输厅文件

浙交〔2017〕151 号

关于发布《泡沫温拌沥青混合料施工技术指南》的通知

各市交通运输局(委)、义乌市交通运输局:

为贯彻浙江省“十三五”全面建成绿色循环低碳交通示范省的要求,更好地规范和指导泡沫温拌沥青混合料的设计、施工,提高泡沫温拌沥青路面质量,我厅组织金华市公路管理局和河海大学编制了《泡沫温拌沥青混合料施工技术指南》,经专家评审通过,现予以试行。

请各有关单位在实践中注意积累资料、总结经验,并将有关意见和建议及时函告金华市公路管理局(地址:金华市婺城区丹溪路 289 号,邮政编码:321013,联系电话:0579-82625079),以便修订时参考。

浙江省交通运输厅

2017 年 9 月 18 日

抄送:交通运输部公路局,省交通集团公司,省公路局、交通工程监管局,咨询公司,省交通设计院。

浙江省交通运输厅办公室　　2017 年 9 月 18 日印发

目　　次

前 言

为了贯彻浙江省“十三五”全面建成绿色循环低碳交通示范省的要求,更好地规范和指导泡沫温拌沥青混合料的设计、施工,提高泡沫温拌沥青路面质量,浙江省交通运输厅组织金华市公路管理局和河海大学编制了《泡沫温拌沥青混合料施工技术指南》(以下简称“指南”)。

本指南通过对国内外泡沫温拌沥青技术研究和应用状况的调研,根据相关课题的科研成果及泡沫温拌沥青路面施工的实践经验,提出了泡沫温拌沥青混合料设计、施工及质量检验等技术要求。

请各有关单位在实践中注意积累资料,总结经验,并将有关意见和建议及时函告金华市公路管理局(地址:金华市丹溪路289号,邮政编码:321013,联系电话:0579-82625079),以便修订时参考。

本指南主要起草人:邹晓勇、于新、朱宏斌、徐晓和、徐子淇、吴闻秀、朱文文、陈豫、应德星、胡永林、邢克光、李海光、曹正道。

泡沫温拌沥青混合料施工技术指南

1 总则

1.1 为规范泡沫温拌沥青混合料的应用,促进公路的节能减排工作,特编制本指南。

1.2 本指南包括总则、编制依据、术语和定义、材料、混合料配合比设计、施工及质量检验与评定等内容。

1.3 本指南适用于公路工程中泡沫温拌沥青混合料的设计、施工及质量检验。

1.4 泡沫温拌沥青混合料的设计、施工及质量检验时,除符合本指南外,尚应符合国家、行业和浙江省颁布的其他现行有关标准、规范的规定。

2 编制依据

下列文件对于本文件的应用是必不可少的。凡是注日期的引用文件,仅注日期的版本适用于本文件。凡是不注日期的引用文件,其最新版本(包括所有的修改单)适用于本文件。

JTG E20—2011　公路工程沥青及沥青混合料试验规程
JTG F40　公路沥青路面施工技术规范
JTG F80/1　公路工程质量检验评定标准　第一册　土建工程
JTG E42　公路工程集料试验规程
DB 33/T 896　高等级公路沥青路面设计规范
浙交〔2007〕75 号　浙江省高速公路沥青路面规范化施工与质量管理指导意见(2007 年修订版)
浙交〔2016〕28 号　浙江省交通建设工程机制砂生产(湿法)及机制砂海工混凝土技术指南
浙交〔2016〕28 号　浙江省交通建设工程机制砂生产(干法)及机制砂混凝土技术指南

3 术语和定义

JTG F40 中界定的以及下列术语和定义适用于本指南。

3.1

泡沫温拌沥青　foamed warm mix asphalt

将热沥青和一定掺量的水在专用的发泡装置内混合、膨胀,形成的含有大量均匀分散气泡的、可用于温拌沥青混合料的沥青。

3.2

黏度变化率　viscosity change rate

沥青发泡前后黏度的变化量与发泡前黏度的比值。

3.3

膨胀率　expansion ratio

泡沫温拌沥青在发泡状态下的最大体积与未发泡时沥青的体积之比。

3.4

半衰期　half life

泡沫温拌沥青从最大体积衰减到最大体积一半时所需的时间。

3.5

泡沫温拌沥青混合料　foamed warm asphalt mixture

通过使用泡沫温拌沥青作为结合料,使沥青混合料的拌和、碾压温度等比同类热拌沥青混合料相应降低,在基本不改变沥青混合料配合比和施工工艺的前提下,路用性能符合要求的沥青混合料。

3.6

施工和易性　workability

沥青混合料在拌和、运输、摊铺和碾压各工序易于施工操作并能获得质量均匀、成型密实的混合料的性能。

4　材料

4.1　一般规定

4.1.1　沥青路面使用的各种材料运至现场后应取样进行质量检验,经评定合格后方可使用,不应以供应商提供的检测报告或商检代替现场检测。

4.1.2　沥青路面集料的选择应经过认真的料源调查,确定料源应尽可能就地取材,质量符合使用要求。

4.1.3　集料粒径规格以方孔筛为准。不同料源、品种、规格的集料不应混杂堆放。

4.2　沥青

4.2.1　发泡的沥青可采用道路石油沥青和改性沥青。

4.2.2　用于泡沫温拌的沥青技术指标应符合 JTG F40 有关规定,其中 A 级 70 号道路石油沥青及 SBS 改性沥青技术要求分别见表 1 和表 2。

表 1　A 级 70 号道路石油沥青技术要求

技术指标		单　位	技术要求		试验方法
			高速及一级公路	二级及以下公路	
针入度(25℃,100g,5s)		0.1mm	60~80	60~80	T 0604
延度(5cm/min,15℃)		cm	≥100	≥100	T 0605
延度(5cm/min,10℃)		cm	≥20	≥20	
软化点(环球法)		℃	≥46	≥46	T 0606
溶解度(三氯乙烯)		%	≥99.5	≥99.5	T 0607
针入度指数 PI		—	-1.5~+1.0	-1.5~+1.0	T 0604
薄膜加热试验(163℃,5h)	质量变化	%	≤0.6	≤0.8	T 0609 或 T 0610
	针入度比	%	≥65	≥61	T 0604
	延度(10℃)	cm	≥6	≥6	T 0605
闪点(COC)		℃	≥260	≥260	T 0611
蜡含量(蒸馏法)		%	≤2	≤2.2	T 0615
密度(15℃)		g/cm^3	≥1.01	实测记录	T 0603
动力黏度(60℃)		Pa·s	≥180	≥180	T 0620
SHRP(美国公路战略研究计划)沥青性能等级		—	PG64-22	—	AASHTO T95

表 2　SBS 改性沥青技术要求

技术指标		单位	技术要求		试验方法
			高速及一级公路	二级及以下公路	
针入度(25℃,100g,5s)		0.1mm	50~70	40~60	T 0604
针入度指数 PI		—	≥0	≥0	T 0604
延度(5cm/min,5℃)		cm	≥25	≥20	T 0605
软化点(环球法)		℃	≥65	≥60	T 0606
运动黏度(135℃)		Pa·s	≤3	≤3	T 0625 T 0619
闪点(COC)		℃	≥230	≥230	T 0611
溶解度(三氯乙烯)		%	≥99	≥99	T 0607
离析,软化点差		℃	≤2.5	≤2.5	T 0661
弹性恢复(25℃)		%	≥80	≥75	T 0662
薄膜加热试验(163℃,5h)	质量变化	%	≤1	≤1	T 0609 或 T 0610
	针入度比(25℃)	%	≥65	≥65	T 0604
	延度(5℃)	cm	≥20	≥15	T 0605
SHRP 沥青性能等级		—	PG76-22	—	AASHTO T95

4.3　集料

4.3.1　粗集料

粗集料应洁净、干燥、表面粗糙,其技术要求见表 3。

表 3　粗集料技术要求

技术指标	单位	高速及一级公路		二级及以下公路	试验方法
		表面层	其他层次		
石料压碎值	%	≤20	≤24	≤30	T 0316
洛杉矶磨耗损失	%	≤28	≤28	≤35	T 0317
表观相对密度	—	≥2.6	≥2.6	≥2.45	T 0304
吸水率	%	≤2.0	≤2.0	≤2.0	T 0304
坚固性	%	≤12	≤12	—	T 0314
针片状颗粒含量(混合料) 其中粒径大于 9.5mm 粒径小于 9.5mm	%	≤12 ≤10 ≤15	≤15 ≤12 ≤18	≤20 — —	T 0312
水洗法 <0.075mm 颗粒含量 粒径大于 4.75mm 粒径在 2.36~4.75mm 之间	%	≤0.8 ≤2.0	≤1.0 ≤2.0	≤1.0 ≤1.0	T 0310

表3　粗集料技术要求(续)

技术指标	单　位	高速及一级公路		二级及以下公路	试验方法
		表面层	其他层次		
软石含量	%	≤2.5	≤3.5	≤5	T 0320
对沥青的黏附性	—	≥5 级	≥4 级	≥4 级	T 0616 T 0663
石料磨光值(PSV)	—	≥42	—	—	T 0321
方解石含量	%	≤10		—	—

4.3.2　细集料

4.3.2.1　细集料应清洁、干净、无风化、无杂质,其技术要求见表4。

表4　细集料技术要求

技术指标	单　位	技术要求		试验方法
		高速及一级公路	二级及以下公路	
表观相对密度	—	≥2.60	≥2.45	T 0328
坚固性(>0.3mm 部分)	%	≥12	—	T 0340
含泥量(小于0.075mm 的颗粒含量)	%	≤3	≤5	T 0333
砂当量	%	≥60	≥50	T 0334
亚甲蓝值	g/kg	≤5	—	T 0349
棱角性(流动时间)	s	≥30	—	T 0345

4.3.2.2　高速公路和一级公路的沥青混合料,细集料应采用机制砂;其他等级公路的沥青混合料,细集料也可选用洁净的天然砂、石屑等。机制砂应采用碱性石料为原料,使用专用的制砂机生产,机制砂的技术性能指标应符合 JTG F40、《浙江省交通建设工程机制砂生产(湿法)及机制砂海工混凝土技术指南》和《浙江省交通建设工程机制砂生产(干法)及机制砂混凝土技术指南》的规定。

4.4　填料

4.4.1　填料应采用洁净的碱性石料磨细的矿粉,可同时掺加消石灰粉或水泥替代部分填料,其用量宜为矿料总量的1%～2%。

4.4.2　矿粉应干燥、洁净、无结块,其技术要求见表5。

表5　矿粉技术要求

技术指标	单　位	技术要求		试验方法
		高速及一级公路	二级及以下公路	
表观相对密度	—	≥2.60	≥2.45	T 0352
含水率	%	≤1	≤1	T 0103 烘干法
粒度范围 <0.6mm <0.15mm <0.075mm	%	100 90～100 75～100	100 90～100 70～10	T 0351

表5　矿粉技术要求(续)

技术指标	单位	技术要求		试验方法
		高速及一级公路	二级及以下公路	
外观	—	无团粒结块	—	
亲水系数	—	<1		T 0353
塑性指数	%	<4		T 0354
加热安定性	—	实测记录		T 0355

4.5　纤维

4.5.1　在泡沫温拌沥青混合料中掺加的纤维稳定剂可采用木质素纤维、矿物纤维等。其中,矿物纤维宜采用玄武岩等矿石制造,易影响环境及造成人体伤害的石棉纤维不宜使用。

4.5.2　纤维应在250℃的干拌温度条件下不变质、不发脆,使用纤维应符合环保要求,不危害身体健康,纤维应在温拌拌和条件下能充分分散均匀。

4.5.3　纤维的质量应符合 JTG F40 关于纤维的技术要求。

4.6　水

泡沫温拌沥青的发泡用水应为可饮用水。使用非饮用水,应经试验验证,不影响产品和工程质量时方可使用。

4.7　发泡剂

发泡剂宜采用化学发泡剂十六烷基三甲基溴化氨(分析纯)。

5　混合料配合比设计

5.1　一般规定

5.1.1　高速公路、一级公路用泡沫温拌沥青混合料配合比设计,应在调整以往同类材料的配合比设计经验基础上进行目标配合比设计、生产配合比设计、生产配合比验证。

5.1.2　二级及以下公路可按上述要求进行泡沫温拌沥青混合料配合比设计,也可直接应用成功经验。

5.1.3　对于选定的沥青,按照本指南附录 A 规定的方法,评价沥青是否可以发泡,并确定沥青的最佳发泡用水量。当沥青未满足发泡效果要求时需添加发泡剂,重新评价发泡效果,发泡剂应符合本指南4.7 的规定,推荐发泡剂掺量为沥青用量的0.4% ~0.6%。

5.2　设计要求

5.2.1　目标配合比设计

目标配合比具体设计步骤如下:

a)　根据所设计的混合料类型和本指南对材料的要求,选用符合要求的材料,进行配合比设计。

b)　当沥青满足发泡效果标准时,对该沥青(未发泡状态)进行热拌沥青混合料设计。热拌沥青混合料设计应按照 JTG F40 规定的马歇尔混合料设计方法进行,确定其矿料级配和最佳沥青用量(该沥青用量即为泡沫温拌沥青混合料的最佳沥青用量),条件具备时可采用 Superpave 设计方法。

c)　采用 Superpave 混合料设计方法设计时,设计成果应采用马歇尔试验方法进行试验和设计检验。用于高速公路及一级公路的沥青混合料体积指标参照 DB 33/T 896 的相关要求,其他等级公路应符合 JTG F40 的相关要求。

d) 在最佳发泡水量下,按照本指南附录 A.2 规定的方法制备泡沫温拌沥青,根据 b)中确定的热拌沥青混合料矿料级配和最佳沥青用量,制备泡沫温拌沥青混合料,制备方法见本指南附录 A.3。

e) 对应用于高速公路及一级公路的泡沫温拌沥青混合料,按照 DB 33/T 896 的要求和 JTG E20—2011 试验方法进行路用性能验证。

5.2.2 生产配合比设计

对间歇式拌和机,应按规定方法取样测试各热料仓的材料级配,确定各热料仓的配合比,供拌和机控制室使用。同时选择适宜的筛孔尺寸和安装角度,尽量使各热料仓的供料大体平衡;并取目标配合比设计的最佳沥青用量 OAC、OAC ±0.3% 等 3 个沥青用量进行马歇尔试验和试拌,通过室内试验及从拌和机取样试验综合确定生产配合比的最佳沥青用量,由此确定的最佳沥青用量与目标配合比设计的结果的差值不宜大于 ±0.2%。对连续式拌和机,可省略生产配合比设计步骤。

5.2.3 生产配合比验证

5.2.3.1 生产配合比验证阶段。拌和机按生产配合比结果进行试拌、宜铺筑 200 ~ 300m 试验段,并取样进行马歇尔试验,同时从路段上钻取芯样观察空隙率的大小,由此确定生产用的标准配合比。标准配合比的矿料合成级配中,至少应包括 0.075mm、2.36mm、4.75mm 及公称最大粒径筛孔的通过率接近优选的工程设计级配范围的中值,并避免在 0.3 ~ 0.6mm 处出现"驼峰"。对确定的标准配合比,宜再次进行车辙试验和水稳定性检验。

5.2.3.2 确定施工级配允许波动范围。根据 JTG F40 中规定的标准配合比及质量管理要求中各筛孔的允许波动范围,制订施工用的级配控制范围,用以检查泡沫温拌沥青混合料的生产质量。

5.2.3.3 经设计确定的标准配合比在施工过程中不得随意变更。但生产过程中应加强跟踪检测,严格控制进场材料的质量,如遇材料发生变化并经检测泡沫温拌沥青混合料的矿料级配、马歇尔技术指标不符合要求时,应及时调整配合比,使泡沫温拌沥青混合料的质量符合要求并保持相对稳定,必要时应重新进行配合比设计。

6 施工

6.1 一般规定

6.1.1 泡沫温拌沥青混合料施工前应进行 200 ~ 300m 试验段试铺,以确定生产工艺参数。

6.1.2 沥青路面施工必须有施工组织设计,并保证合理的施工日期。泡沫温拌沥青路面不得在气温低于 5℃(高速公路和一级公路)或 0℃(其他等级公路),以及雨天、路面潮湿的情况下施工。

6.1.3 泡沫温拌沥青路面面层施工的准备工作、试验路段铺筑、施工现场管理、质量管理与验收,按照《浙江省高速公路沥青路面规范化施工与质量管理指导意见(2007 年修订版)》(浙交〔2007〕75 号)中沥青面层施工规定及本指南相关规定执行。

6.1.4 本指南未规定的技术内容应符合 JTG F40 的相关要求。

6.2 施工准备

6.2.1 生产设备调试

泡沫温拌沥青现场生产时,应采用与拌和设备相配套的专用发泡设备。泡沫温拌沥青生产设备应包括供水系统、发泡系统、热沥青添加系统及控制系统。发泡设备应能高效、稳定地生产出满足要求的泡沫温拌沥青，能准确定量设定沥青和用水量的比例、流量、定时、压力等参数。泡沫温拌沥青生产设备的基本参数须满足表6的要求。

表6　泡沫温拌沥青生产设备技术参数

技术指标	技术要求
额定供水能力(L/min)	30
水泵压力(MPa)	3～4
发泡剂流量(L/min)	0～1.5
泡沫沥青流量(L/min)	0～30
计量精度(%)	±0.5

6.2.2　泡沫温拌沥青现场试制

根据目标配合比设计过程中确定的最佳沥青用量和最佳发泡用水量，设定拌和设备和发泡设备的各项参数，并试制发泡沥青。现场拌和时的沥青发泡水温为常温，道路石油沥青发泡时的加热温度宜控制在150℃±5℃，SBS改性沥青发泡时的加热温度宜控制在165℃±5℃，其他改性沥青发泡时的加热温度应根据不同的沥青类型通过试验确定。对现场制备的发泡沥青效果进行检测和评价，根据结果对发泡参数进行调整和优化，调整水量阀门和沥青加热温度，为后续泡沫温拌沥青混合料的生产做好准备。

6.2.3　下承层处理

铺筑泡沫温拌沥青路面前，应检查下承层的质量，不符合要求的不应铺筑沥青面层。对下承层应进行彻底清扫，确保下承层表面清洁干燥后，再喷洒黏层沥青，要求喷洒均匀，无空白现象发生。

6.3　现场拌制

6.3.1　普通泡沫温拌沥青混合料的拌和时间不宜少于45s，其中干拌时间不少于5s；改性泡沫温拌沥青混合料的拌和时间不宜少于60s，其中干拌时间不少于10s。拌和的沥青混合料应均匀一致、无花白料、无结团成块或严重的粗细料分离现象，不符合要求时不应使用。

6.3.2　泡沫温拌沥青混合料的现场拌制温度，可根据泡沫温拌沥青混合料拌和电流值的试验方法确定，详见本指南附录D；道路石油沥青和SBS改性沥青可参考表7执行。

表7　泡沫温拌沥青混合料拌和温度

工　序	道路石油沥青	SBS改性沥青
沥青发泡时加热温度(℃)	145～155	160～170
集料加热温度(℃)	140～150	150～160
混合料出料温度(℃)	130～140	130～150
混合料储存温度	储料过程中温度降低不超过10℃	

6.3.3　泡沫温拌沥青混合料拌制的其他要求，应符合JTG F40对热拌沥青混合料拌制的要求。

6.4　运输

泡沫温拌沥青混合料运输时，高速公路及一级公路应符合《浙江省高速公路沥青路面规范化施工与质量管理指导意见(2007年修订版)》(浙交〔2007〕75号)的要求,其他等级公路应符合JTG F40关于热拌沥青混合料运输的要求。

6.5 摊铺及碾压

6.5.1 泡沫温拌沥青混合料的摊铺和初压温度宜比热拌沥青混合料降低20~30℃。道路石油沥青和SBS改性沥青制备的泡沫温拌沥青混合料的最低施工温度可按照表8执行。

表8 泡沫温拌沥青混合料的施工温度范围

施工工序		道路石油沥青	SBS改性沥青
摊铺温度(℃)	正常施工[a]	≥105	≥120
	低温施工[b]	≥120	≥130
碾压温度(℃)	正常施工[a]	≥100	≥115
	低温施工[b]	≥110	≥120

[a]正常施工指气温高于10℃条件下进行的施工。
[b]低温施工指气温低于10℃条件下进行的施工。

6.5.2 泡沫温拌沥青混合料摊铺及碾压成型的其他要求,应符合JTG F40对热拌沥青混合料的要求。

6.6 养生和开放交通

泡沫温拌沥青混合料路面的养生和开放交通,高速公路及一级公路应参照《浙江省高速公路沥青路面规范化施工与质量管理指导意见(2007年修订版)》(浙交〔2007〕75号)的相关要求,其他等级公路应符合JTG F40对热拌沥青混合料路面养生和开放交通的要求。

6.7 施工质量控制

6.7.1 泡沫温拌沥青混合料施工应建立健全有效的质量管理体系,对施工各工序的质量进行检查评定,确保施工质量稳定。

6.7.2 应按本指南规定的检查项目与频度,对各种原材料进行试验,其质量应符合JTG F40和本指南规定的技术要求。每个检查项目的平行试验次数或一次试验的试样数应按相关试验规程的规定执行,并以平均值评价是否合格。

6.7.3 粗集料、细集料和填料各指标的试验方法,应按照JTG E42的要求进行。

6.7.4 施工时,泡沫温拌沥青按本指南附录A规定的方法养护后,按照JTG F40对沥青原材料的检测项目与频度和JTG E20中沥青的试验方法进行检验,保证生产的泡沫温拌沥青质量指标满足要求。

6.7.5 施工时泡沫温拌沥青黏度变化率的检测频度按照表9执行。

表9 施工过程中泡沫温拌沥青黏度变化率检查频度

材料	检查项目	检查频度	平行试验次数或一次试验的试样数	试验方法
泡沫温拌沥青	黏度变化率	随时	3	附录C

6.7.6 每一批次沥青发泡前,都需对温度进行仔细核查。正式拌和时,应通过发泡设备的发泡检验喷口进行温拌沥青发泡效果和泡沫温拌沥青性能的检查。

6.7.7 泡沫温拌沥青混合料性能试验时,按本指南附录A规定的方法养护后,按照JTG E20中关于热拌沥青混合料性能试验的要求进行。

6.7.8 泡沫温拌沥青混合料的现场取样和成型应连续进行，料温下降到失去工作性后不允许重新加热再成型。一般要求取样量至少为试验需要量的3倍，样品温度应符合本指南表A.3的要求。样品运送途中要注意保温，料温下降超过20℃时，不允许使用。

6.7.9 取回的样品应立即放入恒温箱，样品堆积厚度不低于8cm，恒温1～2h后，进行马歇尔击实和轮碾成型，并进行性能验证。泡沫温拌沥青混合料的检验频度和质量要求应符合表10的要求。

表10 泡沫温拌沥青混合料检验频度和质量要求

<table>
<tr><th colspan="2">检验项目</th><th>检查频度</th><th>质量要求或允许偏差</th><th>试验方法</th></tr>
<tr><td colspan="2">混合料外观</td><td>随时</td><td>观察集料粗细、均匀性、离析、油石比、色泽、冒烟、有无花白料、油团等现象</td><td>目测</td></tr>
<tr><td rowspan="3">拌和温度</td><td>沥青、集料加热温度</td><td>逐盘检测评定</td><td>符合表7要求</td><td>传感器自动检测</td></tr>
<tr><td rowspan="2">混合料出厂温度</td><td>逐盘检测评定</td><td>符合表7要求</td><td>传感器自动检测</td></tr>
<tr><td>逐车检测评定</td><td>符合表7要求</td><td>出厂时逐车按T 0981人工检测</td></tr>
<tr><td rowspan="9">矿料级配与生产设计标准级配的差值（筛孔）</td><td>0.075mm</td><td rowspan="3">逐盘在线监测</td><td>±2%（2%）[a]</td><td rowspan="3">计算机采集数据计算</td></tr>
<tr><td>≤2.36mm</td><td>±5%（4%）[a]</td></tr>
<tr><td>≥4.75mm</td><td>±6%（5%）[a]</td></tr>
<tr><td>0.075mm</td><td rowspan="3">逐盘检查，每天汇总1次，取平均值评定</td><td>±1%</td><td rowspan="3">总量检验，按JTG F40附录G</td></tr>
<tr><td>≤2.36mm</td><td>±2%</td></tr>
<tr><td>≥4.75mm</td><td>±2%</td></tr>
<tr><td>0.075mm</td><td rowspan="3">每天上、下午各1次</td><td>±2%（2%）[a]</td><td rowspan="3">拌和厂取[b]，抽提后矿料筛分</td></tr>
<tr><td>≤2.36mm</td><td>±5%（3%）[a]</td></tr>
<tr><td>≥4.75mm</td><td>±6%（4%）[a]</td></tr>
<tr><td colspan="2" rowspan="3">油石比
（与设计标准配合比的差）</td><td>逐盘在线监测</td><td>±0.3%</td><td>计算机采集数据计算</td></tr>
<tr><td>逐盘检查，每天汇总1次，取平均值评定</td><td>±0.1%</td><td>总量检验，按JTG F40附录F</td></tr>
<tr><td>每天上、下午各1次，以2个试件的平均值评定</td><td>±0.3%</td><td>拌和厂取样[b]，抽提试验检测</td></tr>
<tr><td colspan="2">马歇尔试验：
空隙率、稳定度、流值</td><td>每天上、下午各1次，以4～6个试件的平均值评定</td><td>符合JTG F40的规定</td><td>拌和厂取样[b]，室内成型试验</td></tr>
<tr><td colspan="2">浸水马歇尔试验</td><td>必要时（试件数同马歇尔试验）</td><td>符合JTG F40的规定</td><td>T 0702、T 0709</td></tr>
<tr><td colspan="2">车辙试验</td><td>必要时（以3个试件的平均值评定）</td><td>符合JTG F40的规定</td><td>T 0719</td></tr>
<tr><td colspan="5">[a]括号内是对SMA路面的要求。
[b]泡沫温拌沥青混合料的现场取样应符合JTG E20的要求。</td></tr>
</table>

6.7.10 路面铺筑过程中应对铺筑质量进行评定，质量检验的内容、频度、允许差应符合表11的规定。

表11 泡沫温拌沥青混合料路面施工过程中工程质量的控制标准

检验项目		检查频度及单点检查评价方法	质量要求或允许偏差		试验方法
			高速及一级公路	二级及以下公路	
外观		随时	表面平整密实，不应有明显轮迹、裂缝、推挤、油汀、油包等缺陷，且无明显离析		目测
接缝		随时	紧密平整、顺直、无跳车		目测
		逐条缝检测评定	3mm	5mm	T 0931
施工温度	摊铺温度	逐车检测评定	符合表8要求		T 0981
	碾压温度	随时	符合表8要求		插入式温度计实测
厚度	每一层次	随时，厚度50mm以下 厚度50mm以上	设计值的5% 设计值的8%	设计值的8% 设计值的10%	施工时插入法量测松铺厚度及压实厚度
	每一层次	1个台班区段的平均值 厚度50mm以下 厚度50mm以上	-3mm -5mm	— —	按JTG F40附录G总量检验
	总厚度	每$2000m^2$一点单点评定	设计值的-5%	设计值的-8%	T 0912
	表面层	每$2000m^2$一点单点评定	设计值的-10%	设计值的-10%	
压实度		每$2000m^2$检查1组，逐个试件评定计算平均值	试验室标准密度的96%(98%)[a] 最大理论密度的92%(94%)[a] 试验段密度的98%(99%)[a]		T 0924、T 0922 JTG F40附录E
平整度(最大间隙)	表面层	随时，接缝处单杆评定	3mm	5mm	T 0931
	中下面层	随时，接缝处单杆评定	5mm	7mm	T 0931
平整度(标准差)	表面层	连续测定	1.0mm	2.5mm	T 0932
	中面层	连续测定	1.2mm	2.8mm	
	下面层	连续测定	1.6mm	3.0mm	
	基层	连续测定	2.4mm	3.5mm	
宽度	有侧石	检测每个断面	±20mm	±20mm	T 0911
	无侧石	检测每个断面	不小于设计宽度		
纵断面高程		检测每个断面	±10mm	±15mm	T 0911
横坡度		检测每个断面	±0.3%	±0.5%	T 0911
渗水系数	表面层	每1km不少于5点，每点3处取平均值	≤60mL/min	≤200mL/min (300mL/min)[a]	高速公路及一级公路使用改进型渗水仪，着地环状宽度35mm，OGFC表面层除外
	中下面层		≤90mL/min		

[a]括号内是对SMA路面的要求。

7 质量检验与评定

7.1 基本要求

7.1.1 泡沫温拌沥青混合料的矿料质量和矿料级配应符合设计要求和本指南的规定。

7.1.2 严格控制各种矿料和泡沫温拌沥青用量及各种材料和沥青混合料的加热温度,泡沫温拌沥青材料及混合料的各项指标应符合设计和本指南的要求。泡沫温拌沥青混合料的生产,每日应做抽提试验、马歇尔稳定度试验。矿料级配、泡沫温拌沥青含量、马歇尔稳定度等结果的合格率应不小于90%。

7.1.3 拌和后的泡沫温拌沥青混合料应均匀一致、无花白,无粗细料分离和结团成块现象。

7.1.4 下承层质量应符合本指南6.2.3的规定。

7.1.5 摊铺时应严格控制摊铺厚度和平整度,避免离析,注意控制摊铺和碾压温度,碾压至要求的密实度。

7.2 实测项目

具体实测项目如表12所示。路面工程质量等级评定方法参照JTG F80/1的相关规定执行。

表12 泡沫温拌沥青混合料路面施工验收实测项目

<table>
<tr><th rowspan="2">项次</th><th colspan="2" rowspan="2">检验项目</th><th colspan="2">质量要求或允许偏差</th><th rowspan="2">检查方法和频度</th><th rowspan="2">权值</th></tr>
<tr><th>高速及一级公路</th><th>二级及以下公路</th></tr>
<tr><td>1</td><td colspan="2">压实度[a]</td><td colspan="2">试验室标准密度的96%(98%)[b]
最大理论密度的92%(94%)[b]
试验段密度的98%(99%)[b]</td><td>按JTG F80/1规定检查,每200m测1处</td><td>3</td></tr>
<tr><td rowspan="3">2</td><td rowspan="3">平整度</td><td>σ(mm)</td><td>1.0</td><td>2.5</td><td rowspan="3">平整度仪:全线每车道连续按每100m计算IRI或σ</td><td rowspan="3">2</td></tr>
<tr><td>IRI(m/km)</td><td>2.0</td><td>4.2</td></tr>
<tr><td>最大间隙h(mm)</td><td>—</td><td>5</td></tr>
<tr><td>3</td><td colspan="2">弯沉值(0.01mm)</td><td colspan="2">符合设计要求</td><td>按JTG F80/1规定检查</td><td>2</td></tr>
<tr><td>4</td><td colspan="2">渗水系数(mL/min)</td><td>60</td><td>—</td><td>渗水试验仪:每200m测1处</td><td>2</td></tr>
<tr><td rowspan="2">5</td><td rowspan="2">抗滑</td><td>摩擦系数</td><td rowspan="2">符合设计要求</td><td rowspan="2">—</td><td>摆式仪:每200m测1处
横向力系数测定车:全线连续,按JTG F80/1规定评定</td><td rowspan="2">2</td></tr>
<tr><td>构造深度</td><td>铺砂法:每200m测1处</td></tr>
<tr><td rowspan="2">6</td><td rowspan="2">厚度[c]
(mm)</td><td>代表值</td><td>总厚度:设计值的-5%H
表面层:设计值的-10%h</td><td>-8%H</td><td rowspan="2">按JTG F80/1规定检查,双车道每200m测1处</td><td rowspan="2">3</td></tr>
<tr><td>合格值</td><td>总厚度:设计值的-10%H
表面层:设计值的-20%h</td><td>-15%H</td></tr>
<tr><td>7</td><td colspan="2">中线平面偏位(mm)</td><td>20</td><td>30</td><td>经纬仪:每200m测4点</td><td>1</td></tr>
<tr><td>8</td><td colspan="2">纵断高程(mm)</td><td>±15</td><td>±20</td><td>水准仪:每200m测4个断面</td><td>1</td></tr>
</table>

表 12　泡沫温拌沥青混合料路面施工验收实测项目(续)

<table>
<tr><th rowspan="2">项次</th><th rowspan="2" colspan="2">检 验 项 目</th><th colspan="2">质量要求或允许偏差</th><th rowspan="2">检查方法和频度</th><th rowspan="2">权值</th></tr>
<tr><th>高速及一级公路</th><th>二级及以下公路</th></tr>
<tr><td rowspan="2">9</td><td rowspan="2">宽度
(mm)</td><td>有侧石</td><td>±20</td><td>±30</td><td rowspan="2">尺量:每 200m 测 4 个断面</td><td rowspan="2">1</td></tr>
<tr><td>无侧石</td><td colspan="2">不小于设计宽度</td></tr>
<tr><td>10</td><td colspan="2">横坡(%)</td><td>±0.3</td><td>±0.5</td><td>水准仪:每 200m 测 4 处</td><td>1</td></tr>
<tr><td colspan="7">[a]表内压实度可选用其中的 1 个或 2 个标准评定,选用两个标准时,以合格率低的作为评定结果。
[b]括号内是对 SMA 路面的要求。
[c]表列沥青层厚度仅规定负允许偏差。H 为总厚度(mm),h 为表面层厚度(mm);其他公路的厚度代表值和合格值允许偏差按总厚度计,当 $H \leq 60$mm 时,允许偏差分别为 -5mm 和 -10mm;当 $H > 60$mm 时,允许偏差分别为 -8%H 和 -15%H。</td></tr>
</table>

7.3　外观鉴定

7.3.1　表面应平整密实,不应有泛油、松散、裂缝和明显离析等现象,对于高速公路和一级公路,有上述缺陷的面积(凡属单条的裂缝,则按其实际长度乘以 0.2m 宽度,折算成面积)之和不得超过受检面积的 0.03%,其他公路不得超过 0.05%。不符合要求时,每超过 0.03% 或 0.05% 减 2 分。半刚性基层的反射裂缝可不计作施工缺陷,但应及时进行灌缝处理。

7.3.2　搭接处应紧密、平顺,烫缝不应枯焦。不符合要求时,累计每 10m 长减 1 分。

7.3.3　面层与路缘石及其他构筑物应密贴接顺,不得有积水或漏水现象。不符合要求时,每一处减 1～2分。

附 录 A
(规范性附录)
泡沫温拌沥青及混合料室内制备方法

A.1 一般规定

A.1.1 本方法规定了泡沫温拌沥青及混合料制备方法,以供在试验室开展沥青及混合料的试验。

A.1.2 沥青发泡最佳用水量确定后,方可进行泡沫温拌沥青混合料的生产。

A.1.3 每次配制的材料质量应符合拌和锅的容积要求。

A.2 泡沫温拌沥青的制备

A.2.1 制备步骤

泡沫温拌沥青室内制备步骤如下:

a) 试验室加工时,应采用室内泡沫温拌沥青发泡设备,发泡钢桶直径为275mm,容积为20L,喷射泡沫温拌沥青的速率为100g/s±5g/s。

b) 标定沥青的喷射流量,并设置计时器,使每次沥青的喷射量为500g±10g。

c) 设定水流量控制计,达到需要的加入量,发泡水温为常温。

d) 通过试验机泵送循环的沥青应加热至适宜的发泡加热温度。其中道路石油沥青的加热温度宜控制在150℃±5℃、SBS改性沥青的加热温度宜控制在165℃±5℃,并在开始试验前至少维持5min。其他改性沥青发泡时的加热温度应根据不同的沥青类型通过试验确定。

e) 将泡沫温拌沥青喷射至钢桶里,钢桶的温度保持在75℃。

A.2.2 泡沫温拌沥青发泡效果评价

按照附录B的试验方法得出泡沫温拌沥青发泡效果的评价指标膨胀率和半衰期,道路石油沥青和SBS改性沥青的膨胀率和半衰期宜符合表A.1的要求。泡沫温拌沥青发泡效果不满足要求时,可采用发泡剂,见本指南4.7要求。

表A.1 泡沫温拌沥青发泡效果技术要求

指 标	道路石油沥青	SBS改性沥青	试验方法
试验温度(℃)	150℃	165℃	—
膨胀率	≥14	≥10	附录B
半衰期(s)	≥10	≥30	附录B

A.2.3 最佳发泡用水量的确定

道路石油沥青的发泡用水量宜控制在1%~2%范围,SBS改性沥青的发泡用水量宜控制在2%~4%范围。采用泡沫温拌沥青混合料施工和易性试验方法确定最佳发泡用水量,同时黏度变化率须符合表A.2的要求。最佳发泡用水量的确定方法,详见本指南附录D;黏度变化率试验方法,详见本指南附录C。

表 A.2　黏度变化率绝对值标准

指　　标	道路石油沥青	SBS 改性沥青
试验温度(℃)	120	130
黏度变化率绝对值(%)	≥10	≥30

A.2.4　泡沫温拌沥青养护条件

泡沫温拌沥青技术性能试验时,其养护条件为:将制备的泡沫温拌沥青置入容器内放入保温箱,道路石油沥青在 120℃下保温 2.5h,SBS 改性沥青在 130℃下保温 2.5h。最佳用水量时养护后的泡沫温拌沥青技术性能应符合沥青未发泡时的技术性能要求。

A.3　泡沫温拌沥青混合料的制备

泡沫温拌沥青混合料的制备步骤如下:

a)　将拌和机与发泡设备对接,以便泡沫温拌沥青直接喷入拌和锅中。

b)　根据需要的最佳沥青用量、最佳发泡用水量及发泡设备的喷出流量,设定好发泡设备的各项参数。

c)　泡沫温拌沥青混合料室内试验温度应根据具体沥青类型确定,通常比热拌沥青混合料的低 20～30℃。混合料拌和温度可根据泡沫温拌沥青混合料拌和电流值的试验方法确定,详见本指南附录 D,道路石油沥青和 SBS 改性沥青的室内试验温度可参考表 A.3 执行。集料加热温度比拌和温度应高 15℃,加热后的石料(纤维)放入预热好的拌和锅进行干拌。

表 A.3　泡沫温拌沥青混合料室内试验温度

项　　目	道路石油沥青混合料	SBS 改性沥青混合料
拌和温度(℃)	120～135	130～145
成型温度(℃)	120～130	130～140

d)　在喷射泡沫温拌沥青前,集料干拌 10s,喷射泡沫温拌沥青后持续拌和 90s,再加入矿粉持续拌和 90s。

e)　将拌制好的泡沫温拌沥青混合料,在对应击实温度下养护 2.5h 后,以备后续的试件成型。

附 录 B
(规范性附录)
沥青发泡效果试验方法

B.1 一般规定

B.1.1 本方法适用于使用室内沥青发泡装置确定泡沫温拌沥青的膨胀率和半衰期。

B.1.2 沥青发泡试验宜在常温条件下进行。

B.1.3 沥青发泡时的水温为常温。

B.1.4 发泡试验用过的沥青,不应重新发泡使用。

B.2 试验设备

B.2.1 沥青发泡设备

采用沥青发泡试验机,喷射泡沫温拌沥青的速率为100g/s ±5g/s,标定完沥青喷射量后,再根据沥青流量标定用水量。

B.2.2 钢桶、量尺与秒表

a) 钢桶直径为275mm,容积为20L。

b) 使用随机附带的量尺,或使用精度高于该量尺的其他量尺。

c) 秒表精度不低于0.1s。

B.3 试验步骤

a) 按照本指南附录A.2.1规定的方法制备泡沫温拌沥青,发泡用水量为1%。

b) 将泡沫温拌沥青喷射到加热至75℃的钢桶里,在喷射结束后,沥青体积膨胀到最大的瞬间按下秒表,开始记录时间。

c) 使用标尺(与275mm直径钢桶和500g沥青标定过),测量桶内泡沫温拌沥青的最大高度,并作为泡沫温拌沥青的膨胀率记录。

d) 使用秒表测量泡沫衰落至最大体积一半所持续的时间(精确到0.1s),并作为泡沫温拌沥青的半衰期记录。

e) 重复3次试验,当平行试验结果与其平均值误差不超过10%时,取其平均值作为试验结果;否则应重新试验。

附　录　C

（规范性附录）

泡沫温拌沥青黏度变化率试验方法

C.1　一般规定

C.1.1　本方法适用于采用布洛克菲尔德黏度计测定沥青发泡前后的黏度。

C.1.2　应采用专用的沥青室内发泡设备，进行沥青发泡性能试验。

C.1.3　沥青发泡试验宜在常温条件下进行。

C.1.4　发泡试验用过的沥青，不应重新发泡使用。

C.2　试验设备

C.2.1　布洛克菲尔德黏度计。

C.2.2　烘箱：有自动温度控制器，控温的准确度为 ±1℃。

C.2.3　标准温度计：分度值为 0.1℃。

C.2.4　秒表：精度不低于 0.1s。

C.3　试验步骤

a）按照本指南附录 A.2.1 规定的方法制备泡沫温拌沥青。

b）按转子型号所要求的体积向黏度计的盛样筒中添加沥青，加入沥青后的液面应符合不同型号转子的规定要求，试样体积应与标定的标准体积一致。

c）将转子与盛样筒一起置于已控温至试验温度的烘箱中保温，维持 1.5h。

d）取出转子和盛样筒安装在黏度计上，降低黏度计转子高度，使转子插进盛样筒的沥青液面中，至规定的高度。

e）将泡沫温拌沥青保温，道路石油沥青的控制温度宜为 120℃，改性沥青的控制温度宜为 130℃。

f）按仪器的要求选择转子速率，开动布洛克菲尔德黏度计，观察读数，扭矩读数应在 10% ~98% 范围内，否则应更换转子或降低转子转速后重新试验。在整个测量黏度过程中，不应改变设定的转速。

g）观测发泡后沥青的黏度变化，每隔 1min 读数一次，待 6min 后，每隔 3 min 读数一次，记录沥青的黏度数值至稳定。

h）重复三次试验，当平行试验结果与其平均值误差不超过 10% 时，取其平均值作为试验结果；否则应重新试验。

i）根据试验结果，按照式（C.1）计算泡沫温拌沥青的黏度变化率。

$$v = \frac{\mu'_T - \mu_T}{\mu_T} \times 100\% \qquad (C.1)$$

式中：v——特定温度 T 下的黏度变化率；

μ'_T——发泡后沥青在特定温度 T 下黏度；

μ_T——未发泡前沥青在特定温度 T 下黏度。

附　录　D
（规范性附录）
基于拌和电流的泡沫温拌沥青混合料施工和易性试验方法

D.1　一般规定

D.1.1　本试验适用于测定沥青混合料拌和时电机工作电流值，以评价沥青混合料施工和易性。

D.1.2　试验时配制的材料量应符合拌和锅的容积要求。

D.1.3　对于同一拌和设备，不同沥青混合料的拌和电流值相同时，认为其施工和易性相同。

D.1.4　根据该方法，对比热拌沥青混合料与泡沫温拌沥青混合料的拌和电流值，可确定泡沫温拌沥青混合料的适宜拌和温度。

D.2　试验设备

D.2.1　沥青混合料拌和设备。

D.2.2　电流测量设备：量程宜为30A，精度宜为1.5级，或根据沥青混合料拌和设备工作实际电流选取相应量程设备。

D.2.3　烘箱：有自动温度控制器，控温的准确度为±1℃。

D.2.4　温度计：分度值为0.1℃，宜采用有金属插杆的插入式数显温度计，金属插杆的长度不小于150mm，量程为0～300℃。

D.2.5　台秤、天平或电子秤：用于称量矿料的感量不大于0.5g，用于称量沥青的感量不大于0.1g。

D.3　试验步骤

D.3.1　拌和温度的确定

a）将电流测量仪器串联到拌和设备主机线上，试验前应进行设备调试。

b）热拌沥青混合料拌和电流值的测定时，热拌沥青混合料的拌和温度可参考JTG F40执行，当采用道路石油沥青时热拌混合料拌和温度可为160℃，采用SBS改性沥青时热拌混合料拌和温度可为170℃。

c）根据确定的沥青混合料类型，将各种规格的集料置于105℃±5℃的烘箱中烘干至恒重（一般不少于4～6h）。

d）将沥青混合料拌和机提前预热至设定的拌和温度。

e）将烘干分级的粗集料、细集料，按设计级配要求称其质量，在一金属盘中混合均匀，矿粉单独放置，然后置烘箱中加热至沥青拌和温度以上约15℃备用。一般按一组5kg计算。

f）将粗集料、细集料加热至要求温度置于拌和机中，干拌20s；然后加入需要数量的沥青，开动拌和机一边搅拌一边使拌和叶片插入混合料中拌和1.5min；暂停拌和，加入热矿粉，继续拌和1.5min至混合料均匀为止。测量热拌沥青混合料拌和均匀后的电流值，每隔10s记录一次数据，测量时间为3min；数据读取完毕保留该批热拌沥青混合料，并开展后续的试验。记录拌和时电流的平均值作为本次拌和试验电流值。

g）对沥青进行发泡，制备泡沫温拌沥青混合料。按照上述c）～f）步骤，测定150℃的泡沫温拌沥青混合料拌和电流值。测试完后，泡沫沥青混合料不移除，继续进行后续温度的试验。

h）150℃下拌和电流值测试完毕后，升起搅拌桨，测量泡沫温拌沥青混合料内部温度，混合料降温至140℃时，重复以上c）～f）步骤，测量140℃拌和时的电流值。

i） 按照以上步骤分别进行130℃、120℃、110℃下的泡沫温拌沥青混合料拌和试验，并测量各温度下的拌和电流值。

j） 绘制泡沫温拌沥青混合料110～150℃温度下拌和电流值的曲线，对照相应温度下热拌沥青混合料的拌和电流值，采用道路石油沥青时温度为160℃，采用SBS改性沥青时温度为170℃。

k） 重复3次试验，当3次平行试验结果与其平均值误差不超过10%时，取平均值作为泡沫温拌沥青混合料与热拌沥青混合料拌和电流值；否则应重新试验。

l） 根据试验结果，按照式(D.1)计算泡沫温拌沥青混合料的施工和易性指数。

$$\bar{I} = \frac{I_a}{I_b} \times 100\% \quad (D.1)$$

式中：$\bar{I}$——泡沫温拌沥青混合料料的施工和易性指数；

I_a——泡沫温拌沥青混合料不同温度时的拌和电流值；

I_b——相应温度下热拌沥青混合料的拌和电流值，采用道路石油沥青时温度为160℃，采用SBS改性沥青时温度为170℃。

m） 当泡沫温拌沥青混合料施工和易性指数$\bar{I} \in [0.9, 1.1]$，则认为某温度下泡沫温拌沥青混合料施工和易性与热拌沥青混合料的施工和易性相同。该温度也即为泡沫温拌沥青混合料适宜拌和温度。

D.3.2 最佳发泡用水量的确定

当确定最佳发泡用水量时，按照附录A.3规定的方法制备不同发泡用水量情况下的泡沫温拌沥青混合料，按照D.3.1中c）～f)步骤，测定泡沫温拌沥青混合料拌和电流值，电流值最小时的用水量即为最佳发泡用水量。

附 录 E

(资料性附录)

泡沫温拌沥青混合料设计与施工工程案例

E.1 项目背景

××高速公路主线全长134.7km,全线设计速度为120km/h,为双向四/六车道沥青混凝土路面,设计年限15年。在养护工程中,使用泡沫温拌混合料的段落为第二车道K70+330~K78+840不均匀沉降段落,结合原路面高程(即沉降量为0的段落),向下铣刨4cm,然后整体加铺一层泡沫温拌改性沥青SMA-13沥青混合料,保证重铺段最薄面层厚度为4cm;对沉降量大于4cm,而小于10cm的段落,先加铺一层泡沫温拌改性沥青SUP-20找平,再整体加铺4cm泡沫温拌改性沥青SMA-13。

E.2 泡沫沥青混合料设计

E.2.1 沥青混合料类型

在施工之前对所用的原材料进行了性能检测,均符合现行规范要求。所使用沥青混合料类型为:

(1)中面层:泡沫温拌SBS改性沥青SUP-20混合料。

(2)表面层:泡沫温拌SBS改性沥青SMA-13混合料。

E.2.2 沥青发泡效果评价

针对本项目采用的改性沥青,按照泡沫温拌沥青的发泡效果评价方法,进行改性沥青(加热温度为165℃,用水量为1%)的发泡试验。

(1)设定沥青及水的流量(用水量为1%),将改性沥青加热至165℃。

(2)将泡沫沥青喷射到75℃的钢桶里,在喷射结束后,沥青体积膨胀到最大的瞬间按下秒表,开始记录时间。

(3)使用标尺(与275mm直径钢桶和500g沥青标定过),测量桶内泡沫温拌沥青的最大高度,并作为泡沫温拌沥青的膨胀率记录。

(4)使用秒表测量泡沫衰落至最大体积一半所持续的时间(精确到0.1s),作为泡沫温拌沥青的半衰期记录。

测定的泡沫温拌沥青混合料(SBS改性沥青)的膨胀率和半衰期分别为15.3和36s。该沥青满足发泡效果的评价标准:膨胀率不小于10,半衰期不低于30s。可用于泡沫温拌沥青的生产。

E.2.3 沥青混合料配合比设计

按常规热拌沥青混合料的方法进行配合比设计,确定矿料级配和最佳沥青用量。

E.2.4 沥青最佳发泡用水量的确定

采用2%~4%的发泡用水量范围,测试发泡后的沥青常规性能,室内试验表明,在3种用水量范围下,发泡2.5h的泡沫温拌沥青满足对应沥青的性能标准。

对3种用水量下泡沫温拌沥青混合料的拌和电流值进行了测定,分别进行3组平行试验,得到电流值的平均值,如表E.1所示,取电流值最小时的用水量为3%。

对3种用水量下泡沫温拌沥青的黏度变化率进行了测定,其结果如表E.2所示。可见当发泡用水量为3%时,SBS改性泡沫温拌沥青的黏度变化率符合要求。最终SBS改性沥青的最佳用水量确定为3%。

表 E.1 不同发泡用水量时泡沫温拌沥青混合料拌和电流值

发泡用水量(%)	拌和电流值(A)	
	SMA-13	SUP-20
2	3.79	3.36
3	3.53	3.18
4	3.83	3.29

表 E.2 不同发泡用水量时 SBS 改性泡沫温拌沥青黏度变化率

发泡用水量(%)	SBS 改性泡沫温拌沥青黏度变化率(%)
2	39.45
3	36.30
4	32.79
技术要求	≥30

E.2.5 泡沫沥青混合料制备及性能评价

按附录 A 规定的方法制备泡沫温拌沥青混合料,在对应击实温度下养护 2.5h 后,以备后续的试件成型。参照 JTG E20《公路工程沥青及沥青混合料试验规程》中的热拌沥青混合料路用性能评价方法,分别进行高温性能、低温性能和水稳定性的对比性能试验。

E.3 泡沫沥青混合料施工

E.3.1 泡沫温拌沥青混合料的拌和

拌和前,首先进行机况检查,确定运行正常,拌和时,冷料仓的供料比例和进料速度按目标配合比结果进行;热料仓的供料比例按生产配合比结果进行;拌和时油石比采用生产配合比设计结果。

SBS 改性泡沫沥青的发泡条件为:原样 SBS 改性沥青温度加热至 165℃,发泡用水量为原样 SBS 改性沥青质量的 3%,发泡完成后立即进行拌和。

SBS 改性泡沫沥青 SMA-13 混合料的矿料温度加热至 155 ~ 160℃,拌和楼每锅拌和时间为 60 ~ 70s,湿拌时间约 30s;SBS 改性泡沫沥青 SUP-20 混合料的矿料温度加热至 150 ~ 155℃,湿拌时间为 30s。试拌生产的混合料目测均匀、无花白、冒青烟和离析现象,SMA 混合料无析漏现象。

E.3.2 运输

对沥青混合料的出料温度进行抽查,两种混合料分别抽检了 3 车运料车的出料温度,抽检结果见表 E.3。SMA-13 混合料出料温度在 150 ~ 155℃之间,SUP-20 混合料出料温度在 140 ~ 145℃之间,符合本指南要求。

表 E.3 混合料出料温度检测

运料车编号	1	2	3
SUP-20 混合料温度(℃)	145	148	147
SMA-13 混合料温度(℃)	153	152	151

现场运输车辆采用前、后、中的顺序分堆装料，经温度检测后，每一辆运料车均采用篷布覆盖并扣牢，从而有效地保证了混合料的到场温度。

E.3.3 摊铺

现场摊铺机的摊铺速度为 2.5 ~ 3.0m/min。先进行中面层 SUP-20 的摊铺和碾压，紧接着进行 SMA-13 的摊铺和碾压。SUP-20 泡沫温拌沥青混合料到场温度为 125 ~ 130℃，摊铺温度在 120 ~ 125℃之间；SMA-13 泡沫温拌沥青混合料到场温度在 130 ~ 135℃之间，摊铺温度在 125 ~ 130℃之间。

E.3.4 碾压

SMA-13 混合料和 SUP-20 混合料碾压方案分别如表 E.4 和表 E.5 所示。采用紧跟碾压，现场施工组织较为有序。

表 E.4 SMA-13 混合料施工碾压方案

碾压阶段	压路机类型	碾压遍数	碾压速度(km/h)
初压	HAMM HD130 一台 DYNAPAC CC522 一台	前静后振 1 遍	2.0 ~ 3.5
复压		振压 6 遍	2.0 ~ 3.5
终压		静压收光 2 遍	2.5 ~ 5.0

表 E.5 SUP-20 混合料施工碾压方案

碾压阶段	压路机类型	碾压遍数	碾压速度(km/h)
初压	DYNAPAC CC522 一台	前静后振 2 遍	3.2
复压	徐工 XP262 一台	静压 6 遍	3.8
终压	HAMM HD130 一台	静压 1 遍	3.0

在施工现场随机抽查了几组碾压温度，SMA-13 泡沫混合料的初压温度控制在 125 ~ 130℃，复压温度为 110 ~ 115℃，碾压终了温度在 85℃左右；SUP-20 混合料的初压温度控制在 120 ~ 125℃左右，复压温度为 105℃左右，碾压终了温度在 70℃左右。

E.3.5 质量检验

在整个施工段落 K70 + 330 ~ K78 + 840 中，随机选择 3 处检测点对现场施工工艺参数及成品进行检测分析，结果见表 E.6。泡沫温拌改性沥青混合料压实度可以达到热拌沥青混合料的压实度标准，渗水、构造深度以及摩擦系数试验结果均可以达到热拌沥青混合料技术标准。

表 E.6 泡沫温拌沥青混合料路面现场检测结果

检验项目		各检测点检测结果			技术要求
		K71 + 100	K73 + 492	K78 + 150	
厚度(mm)	表面层	40.4	40.8	40.1	≥40.0
	中面层	60.8	60.2	60.5	≥60.0
压实度(%)	表面层	95.6	95.8	95.2	92 ~ 96
	中面层	95.4	95.2	95.4	

表 E.6　泡沫温拌沥青混合料路面现场检测结果(续)

检 验 项 目	各检测点检测结果			技 术 要 求
	K71 + 100	K73 + 492	K78 + 150	
渗水系数(mL/min)	48	49	45	≤60
构造深度 TD(mm)	0.94	0.96	0.93	0.8 ~ 1.2
摆值(BPN)	58	56	59	≥55
平整度 IRI (m/km)	1.8	1.6	1.3	≤2